W0334481

Vive les vacances !

www.flammarion-jeunesse.fr
www.jesuisencp.fr

© Flammarion, 2017 pour le texte et les illustrations
© Flammarion, 2021 pour la présente édition
Éditions Flammarion – 87, quai Panhard-et-Levassor – 75647 Paris Cedex 13
ISBN : 9782080253002 – N° d'édition : L.01EJEN001937.A003
Dépôt légal : juin 2021
Imprimé en Espagne par Liberdúplex – février 2022
Loi n° 49-956 du 16 juillet 1949 sur les publications destinées à la jeunesse

Vive les vacances !

Texte de
Magdalena

Illustrations
d'Emmanuel Ristord

CASTOR POCHE

Notre classe de CP

Pour lire l'histoire, tourne la page !
Pour des activités autour de la lecture, va page 34 !

Aujourd'hui, c'est le grand jour
du départ en vacances.
Maman est énervée
car Papa perd toujours ses clés.
Noé, Léa et Ana sont un peu tristes.
« Ça va être long, l'été sans nos copines !
disent les filles.
– Et moi alors, plus mes copains
et vous deux sur le dos ! » répond Noé.

Et comme d'habitude,
tous les trois se disputent.
Car personne ne veut s'asseoir
à la place du milieu.

Papa a du mal à faire rentrer
les valises dans le coffre de la voiture.
« Tu as encore pris trop de bagages,
se plaint Papa.
– Tu as acheté une voiture trop petite »,
se plaint Maman.

Quand le coffre ferme enfin,
Papa et Maman se regardent
et éclatent de rire.
Ils disent en chœur :
« Ouf, on a fini par y arriver ! »

Une fois tout le monde installé,
Papa fouille dans sa poche et s'écrie :
« Je ne trouve plus les clés de l'auto !
– J'espère qu'elles ne sont pas restées
dans le coffre ? » dit Maman, inquiète.

Noé, assis entre ses deux sœurs, crie :
« Je vois les clés, elles sont sur le contact ! »

Papa et Maman sont soulagés.
La voiture peut démarrer.
Les vacances vont commencer.

Au bout de cent kilomètres,
tout le monde a faim.
L'odeur des sandwichs chatouille les narines.
« C'est bientôt l'heure du pique-nique ?
demande Noé.
– Presque, dit Maman.
– Bientôt, dit Papa.
– On a faim », grognent les trois à l'arrière.

Pour patienter, Maman propose de jouer aux mots qui commencent par P.

« Pâte.

– Purée.

– Pomme.

– Patate.

– Parmesan.

– Pain.

– Poulet rôti. »

Les mots fusent dans l'auto.

« Je me rends ! dit Papa.

Vos mots en P m'ont ouvert l'appétit. »

Et il ajoute :
« On s'arrête manger. »

Une fois le pique-nique terminé,
le voyage reprend.
Noé demande :
« Papa, tu crois qu'on va croiser Selma ?
Elle partait aussi en auto aujourd'hui.
– Mais non, répond Ana.
Cette année, elle part au Maroc en avion,
et elle a invité Fatou.
– Elles ont promis de nous envoyer
des photos, ajoute Léa.
–Trop de la chance ! On ira au Maroc,
un jour ? demande Noé.
– Pourquoi pas, dit Maman,
ça changerait de la Bretagne.
– Moi, surtout, j'aimerais prendre l'avion »,
dit Noé.

Le roulis endort tout le monde rapidement, sauf Papa qui conduit.

Papa klaxonne pour réveiller les passagers.
« On est arrivés !
– Youpi ! Youpi ! » s'écrient les triplés
en sautant de l'auto.
Mais ils remontent aussitôt,
car une armée d'oies les attend
pour leur pincer les mollets.

« Je les avais oubliées, celles-là,
dit Noé qui n'aime pas les oies.
– Pff, elles, elles ne nous oublient pas,
on dirait, râle Ana.
– Toujours prêtes à nous embêter,
elles ne changent pas ! » ajoute Léa.

Papa, armé d'une valise, les chasse.

Pendant qu'ils s'installent dans la maison, on entend :

« Y a des araignées ! crie Ana.

– Normal, c'est la campagne, lui répond Maman.

– Y a des mouches ! crie Léa.

– Normal, c'est la campagne, lui répond Papa.

– Y a des orties ! » couine Noé qui vient de tomber dans l'herbe.

Papa et Maman éclatent de rire.

« Bon, les trois de la ville, on vous garde ou on vous met dans le train ? »

Au bout de quelques jours,
pour rien au monde Léa, Noé
et Ana ne repartiraient.
Au début, comme tous les ans,
ils râlaient de n'avoir ni la télé ni Internet,
mais maintenant ils s'amusent
comme des fous.
Ils ont construit une grande cabane en bois
avec l'aide des parents.

« On pourra dormir dehors, cette nuit ? »
demandent les filles.
Papa et Maman acceptent.

« Tu sais que Basil fait du camping avec son papa ? dit Noé en montant la tente.
– Oui, même qu'il dit qu'il porte un sac plus gros que lui », répond Léa.

La nuit tombée, après avoir longuement observé les étoiles dans le ciel et parlé des copains, Noé dit :
« Bob, Basil et les autres me manquent, pas vous ?

– Oui, l'école nous manque ! »
répondent ses sœurs d'une même voix.

Comme il y a de drôles de bruits
autour de la tente,
Noé et ses sœurs ont un peu peur.
Ils ont du mal à s'endormir et,
au petit matin, ils sont réveillés par la pluie
et les oies qui poussent la toile avec leur bec.

Ils sont les premiers debout
et n'ont pas bien dormi du tout.
Dans la tente voisine,
les parents ronflent encore.

Quand Papa et Maman se lèvent enfin,
ils les trouvent tous les trois rendormis
sur le canapé.

« Alors, vous avez passé une bonne nuit,
on recommence ce soir ?
dit Maman, moqueuse.
– Non, non, répondent-ils en chœur.
Ce soir, on dort dans nos lits
car la tente sera mouillée ! »

Maman fait un clin d'œil à Papa et ajoute :
« Ben nous, on dormira dans notre tente. »

Comme il pleut, Maman propose d'écrire
les cartes postales des vacances.

« Elles vont arriver après nous,
comme tous les ans, dit Noé.
– Normal, vous les écrivez trop tard, dit Papa.
– On attend toujours la pluie, c'est pour ça !
dit Léa.
– Et si l'année prochaine il ne pleut pas ?
demande Ana.
– Ben on n'en écrira pas », dit Noé.

Aujourd'hui, c'est le grand jour du retour.
Pendant ces vacances, Noé, Ana et Léa
ont ramassé des trésors qu'ils veulent ramener.

Au moment où Papa ferme le coffre,
Noé arrive en courant avec un sac.
« C'est pour donner aux copains »,
dit Noé en voyant Maman faire la grimace.
Elle râle mais Papa trouve
une dernière petite place dans le coffre.

Alors que le paysage défile, Ana dit :
« Chouette, bientôt on va retrouver
les copains du CP !
– Ben non, du CE1, on rentre au CE1 ! »
dit Noé fièrement.

Je joue pour bien lire

1 **Regarde** bien la couverture du livre et **retrouve** la bonne étiquette.

a. Vive les cabanes !

b. Vive les vacances !

c. C'est les vacances !

d. Vive les vacances !

e. Vive les vacances !

f. Vive la campagne !

Réponse : étiquette e.

2 **Retrouve** pour chaque image le mot qui correspond.

train | voiture | avion

a. 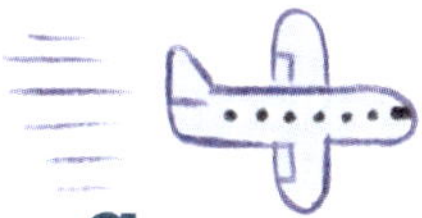
b. 
c. 

3 **Complète** les phrases avec les mots suivants.

narines | mollets | pique-nique | sandwichs

a. Les oies pincent les ...... des triplés.

b. Noé a faim : c'est l'heure du ....

c. Les triplés mangent leurs ....

d. La bonne odeur chatouille les ....

Réponses : 2) a-avion, b-train, c-voiture ; **3)** a-mollets, b-pique-nique, c-sandwichs, d-narines.

Je joue pour bien comprendre

1 **Remets** dans l'ordre ce que les triplés font.

a. construire une cabane

b. écrire des cartes

c. dormir sous la tente

d. pique-niquer

Réponse : d, a, c, b.

2 **Pendant quelles vacances se passe cette histoire ?**
Quels sont les indices dans le texte et les images qui te permettent de répondre ?

3 Rappelle-toi bien les images, puis **réponds** par vrai ou faux.

a. Dans la voiture, Noé est assis à la place du milieu.

b. Les triplés s'assoient dans l'herbe pour pique-niquer.

c. Papa conduit à l'aller et au retour.

Réponses : 2) Les vacances d'été ; les indices sont les vêtements des personnages et le fait que ces vacances précèdent la rentrée scolaire (cf. page 33) ; **3)** a-vrai, b-faux, c-faux.

Retrouve les histoires de **Je suis en CP** pour t'accompagner tout au long de l'année.

1

C'est la rentrée !

Dispute à la récré

Le nouveau

C'est l'automne !

Alerte aux poux !

La fête à la cantine

Journée à la ferme

Un chien à l'école

Il neige !

Noël à l'école

Jaloux !

La galette des reines

Quelles histoires as-tu déjà lues ?
Quelle est ta préférée ?

Lesquelles aimerais-tu lire ?

Toute l'actualité de la collection,
les astuces de Magdalena et plein d'autres surprises,
sur **www.jesuisencp.fr**

2

Jour de piscine

La remplaçante

Le bras cassé

Les anniversaires

Le lapin de la classe

Lou a deux maisons

Les toilettes de l'école

Noé a un secret

C'est carnaval !

Visite au Louvre

3

Les amoureux

La fête de l'école

La classe de mer

Chez les pompiers

La médaille d'or

Au centre aéré

La maîtresse se marie

Vive les vacances !

La chasse aux œufs

À la chocolaterie !

Je suis en CP

Pédagogie Montessori

Mieux apprendre grâce aux neurosciences dans le respect du rythme de chaque enfant.

Une méthode de lecture, une méthode d'écriture

et 6 cahiers d'apprentissage